Pedagogia do Silêncio

Eder Vasconcelos

Pedagogia do Silêncio

Um caminho para a interioridade

Dados Internacionais de Catalogação na Publicação (CIP)
(Câmara Brasileira do Livro, SP, Brasil)

Vasconcelos, Eder
Pedagogia do silêncio / Eder Vasconcelos. -- São Paulo : Paulinas, 2018.

Bibliografia.
ISBN 978-85-356-4475-3

1. Deus 2. Silêncio - Aspectos religiosos 3. Vida espiritual I. Título.

18-21154   CDD-248

Índice para catálogo sistemático:
1. Silêncio : Aspectos religiosos : Cristianismo 248

Cibele Maria Dias - Bibliotecária - CRB-8/9427

1ª edição – 2018
4ª reimpressão – 2023

Direção-geral: *Flávia Reginatto*
Editora responsável: *Maria Goretti de Oliveira*
Copidesque: *Ana Cecilia Mari*
Revisão: *Sandra Sinzato*
Coordenação de revisão: *Marina Mendonça*
Gerente de produção: *Felício Calegaro Neto*
Projeto gráfico: *Jéssica Diniz Souza*
Capa e diagramação: *Tiago Filu*
Imagem capa: *@Binkski/depositphotos.com*

Nenhuma parte desta obra poderá ser reproduzida ou transmitida por qualquer forma e/ou quaisquer meios (eletrônico ou mecânico, incluindo fotocópia e gravação) ou arquivada em qualquer sistema ou banco de dados sem permissão escrita da Editora. Direitos reservados.

Cadastre-se e receba nossas informações
www.paulinas.com.br
Telemarketing e SAC: 0800-7010081

Paulinas

Rua Dona Inácia Uchoa, 62
04110-020 – São Paulo – SP (Brasil)
📞 (11) 2125-3500
✉ editora@paulinas.com.br
© Pia Sociedade Filhas de São Paulo – São Paulo, 2018

"Ouve-me, ouve o meu silêncio.
O que falo nunca é o que falo e sim outra coisa.
Capta essa outra coisa de que na verdade falo
porque eu mesma náo posso."
(Clarice Lispector)

Para meu sobrinho, André Luis.

SUMÁRIO

Introdução 11

I. No silêncio Deus fala ao coração........................ 15

    Silêncio e palavra 17

    Silêncio: sabedoria e resposta...................... 19

    Silêncio e oração 22

    Recolhimento interior 24

II. Silêncio é a voz de Deus................................ 27

    O silêncio está cheio de Deus 29

    Feito para o silêncio................................... 30

    Deus é amigo do silêncio 33

    Amor e silêncio... 35

III. Silêncio interior e exterior 39

    A suavidade do silêncio.............................. 43

    Silêncio e contemplação............................. 45

Um mergulhar no silêncio.. 49

Criar silêncio 53

Conclusão 59

Referências bibliográficas.. 61

INTRODUÇÃO

O que é pedagogia? Qual a origem e o significado desta palavra? O filósofo Paulo Ghiraldelli Jr. mostra nas suas origens o sentido da palavra pedagogia. Ele afirmou:

> Em grego antigo, *paídos* significa "criança" e *agodé* indica "condução"; aglutinadas e adaptadas ao português elas nos dão a palavra pedagogia. Na Grécia Antiga o *paidagogo* era o condutor da criança. No mundo clássico ele era aquele que guiava a criança ao local de ensino das primeiras letras e ao local da ginástica e dos exercícios físicos (2007, p. 11).

Fica claro que a função da pedagogia é colocar, ou seja, apontar, indicar o caminho do conhecimento, do saber. Hoje, é mister uma pedagogia que conduza o ser humano ao silêncio interior e exterior. Na sociedade atual tende-se a exaltar o barulho e a ignorar o silêncio.

A pedagogia do silêncio é a arte de conduzir para o lugar da interioridade pessoal e comunitária. Ela quer ser um caminho rumo a nossa casa interior, para permanecermos na escuta atenta do mistério que perpassa a nossa existência. A pedagogia do silêncio tem como meta essencial nos educar para falar e calar, para sentir e perceber etc. Ela não faz oposição entre palavra e silêncio. Parte do princípio de que toda palavra gestada no silêncio é capaz de transformar o mundo.

Ignázio Silone, sem buscar rodeios, comentou que "em nenhum século a palavra tem sido tão pervertida, como o está agora, de sua finalidade natural que é a de fazer os homens se comunicarem. Falar e enganar (frequentemente também enganando a si mesmo) são agora quase sinônimos". Há realmente uma perversão da palavra em relação ao silêncio.

Silêncio! O mundo precisa conhecer este segredo, este mistério. Silêncio dos sentidos! Silêncio da alma! Silêncio do coração! Silêncio de tudo! Que doçura, que nobreza, que riqueza. Urge criar uma verdadeira pedagogia do silêncio que nos introduza no mistério de Deus, que é puro silêncio. Na era do barulho, da agitação e do estresse, necessitamos voltar para a nossa casa interior, para o aconchego do nosso verdadeiro lar.

A pedagogia do silêncio desperta em nosso coração a saudade da nossa casa interior, a saudade de nós mesmos. Nesta casa nós nos sentimos unos com Deus, com nós mesmos, com o outro e com o cosmo. A pedagogia do silêncio é um meio de formar a nossa percepção para os sinais de Deus que só podemos perceber através de uma atitude atenta, silenciosa e amorosa.

NO SILÊNCIO
DEUS FALA AO CORAÇÃO

Em um mantra de Frei Luiz Turra cantam-se estas palavras: "Silêncio, ó silêncio! Deus nos fala ao coração". A sua repetição calma, rítmica e contínua nos introduz para dentro de nós mesmos. Para escutar a voz serena de Deus, é necessário silenciar. Silenciar os lábios, a mente e o coração. Nesse silêncio interior e exterior, é possível escutar a Deus que fala no mais profundo de nossa intimidade.

A imagem do coração é uma imagem para falar da inteireza e do núcleo dos afetos humanos. É no coração que Deus quer falar e inscrever a lei do amor. Assim escreveu o profeta Jeremias: "Mas esta é a aliança que farei com a casa de Israel depois daqueles dias, diz o Senhor: Porei a minha lei no seu interior, e a escreverei no seu coração; e eu serei o seu Deus e eles serão o meu povo" (Jr 31,33). A lei será colocada dentro da pessoa e inscrita não mais em pedra, mas no próprio coração.

Essa relação de proximidade e intimidade de Deus com seu povo acontece em meio ao silêncio. Deus conhece o segredo e o mistério do silêncio. Ele mora na casa do silêncio. Silêncio infinito, eterno! Esta casa do silêncio é nosso coração aberto e receptivo para acolher com gratidão a sua voz nos chamando pelo próprio nome.

Irmão Roger, fundador da comunidade Taizé, comentava com muita simplicidade: "É uma necessidade que eu sinto. Tenho fome de silêncio". Você tem fome de silêncio? Não temos fome somente de comida, mas também de silêncio. Sem o silêncio, ficamos sufocados. O silêncio é necessário para penetrarmos até o mais profundo de nós mesmos. Somente em sua companhia podemos ver e rever todas as facetas existentes do nosso núcleo pessoal. Assim, o silêncio propicia o autoconhecimento e a criatividade.

A monja beneditina, Joan Chittister, na obra *Para tudo há um tempo*, emitiu importantes reflexões a respeito do silêncio na pós-modernidade ao dizer:

> O silêncio nos dá a oportunidade que precisamos para elevar nosso coração e nossa mente para algo que está acima de nós; para estar cientes de uma vida espiritual dentro de nós que tem padecido com

a poluição sonora; para acalmar a fúria dos nossos desejos ilimitados. Ele é um chamado para a "caverna do coração", onde a visão é clara e o coração está centrado em algo que é digno dele" (2017, p. 159).

A pedagogia do silêncio é esse chamado, esse convite para adentrar a caverna do coração. Se, de fato, queremos ter uma vida espiritual autêntica, precisamos voltar ao coração, lugar do silêncio e da paz.

Primeira pausa

Senhor, diante da tua presença, desejo silenciar os meus lábios, a minha mente e o meu coração. Eu sei que desejas pronunciar uma palavra sobre a minha existência como aquela que pronunciaste no dia do Batismo de Jesus: "Tu és o meu Filho amado, em ti coloco toda a minha afeição".

SILÊNCIO E PALAVRA

O psicólogo e filósofo William James disse que "o exercício do silêncio é tão importante quanto a prática da palavra". O que isto significa no contexto da pós-modernidade? Silêncio e palavra não se excluem. O silêncio interior e exterior é tão importante quanto a palavra bem pronunciada, proferida. O dom da palavra é belo, mas a sabedoria que provém do silêncio é espetacular.

Bento XVI disse: "O silêncio é parte integrante da comunicação e, sem ele, não há palavras densas de conteúdo". Só pode existir comunicação verdadeira, se ela nascer do silêncio. Sem silêncio, as palavras ficam pobres em seu conteúdo. Mediante o silêncio, pretendemos reconhecer a verdade do nosso ser humano interior que muitas vezes se esconde por trás de uma personagem fantasiosa. O silêncio nos arranca da alienação, da escravidão.

Como exercitar-se no silêncio, numa sociedade do barulho? Exercitar-se no silêncio e para o silêncio é tão importante como fazer um discurso. Não há incompatibilidade entre silêncio e palavra. O exercício do silêncio e a prática da palavra são duas dimensões que enriquecem a vida do ser humano. Diante disso, vem o questionamento: Sei quando devo silenciar e quando devo falar? A escritora Susan Sontag disse que "conforme vai diminuindo o prestígio da linguagem aumenta o silêncio". Aqui se encontra um caminho pedagógico e espiritual válido para os nossos tempos.

A arte do silenciar e do falar não é apenas treinamento para pessoas que buscam trilhar um caminho espiritual elevado. O exercício do silêncio e a prática da palavra são inseparáveis na vida de qualquer pessoa. Frei Patrício Sciadini, frade carmelita, com muita propriedade disse: "Toda palavra deve nascer do silêncio, se ela quiser dizer alguma coisa capaz de transformar o mundo". O silêncio é o útero onde a palavra é gerada, fecundada e só depois então balbuciada.

As palavras de Frei Patrício fazem alusão ao dito popular: "Se o meu silêncio não lhe diz nada, minhas palavras são inúteis". A palavra que não é parida do silêncio nada tem a dizer. Nunca se ouviram tantas palavras vazias, sem sentido, como nos dias de hoje.

Segunda pausa

Senhor, sei a importância das palavras no mundo em que vivemos, mas sei também o quanto é bom saborear o silêncio. Creio, meu Senhor, que toda palavra, para ser transformadora, deve nascer do silêncio e a ele retornar.

SILÊNCIO: SABEDORIA E RESPOSTA

O poeta Fernando Pessoa também fez a experiência do silêncio na sua vida pessoal. De forma poética ele disse: "Existe no silêncio tão profunda sabedoria que, às vezes, ele se transforma na mais perfeita resposta". Que sabedoria é essa? Não é uma sabedoria intelectual. É a sabedoria da intuição, do coração, do *insight*. E há quem diga: "O silêncio às vezes é a melhor resposta". Não um silêncio vingativo e cheio de orgulho, mas um silêncio tranquilo, pacificador. O silêncio vingativo só faz mal àquele que o pratica.

Urge resgatar em nossos dias a sabedoria do silêncio como resposta aos nossos anseios mais profundos. Na sabedoria do silêncio, seremos capazes de encontrar significado e alento para as incertezas que vamos encontrando no longo caminho da existência. A sabedoria filosófica também conhece esta verdade.

O filósofo Pitágora de Samos afirmou: "Escuta e serás sábio. O começo da sabedoria é o silêncio". O sábio é aquele que sabe escutar. A verdadeira sabedoria não está nos livros e nas ideias. Está no silêncio. Novamente encontramos uma orientação para o caminho pedagógico do silêncio cultivado como sabedoria. Escutar é resposta às grandes questões existenciais. Na sabedoria do silêncio encontramos as respostas mais convincentes para nossas dúvidas e incertezas. O silêncio nos torna pessoas cheias de sabedoria. O povo de Israel conhecia muito bem esta sabedoria do escutar, ou seja, do "Shemá". No livro do Deuteronômio lemos: "Escuta, Israel, o Senhor nosso Deus é o único Senhor" (Dt 6,4).

Isaque de Nínive em um dos seus apotegmas disse: "Se amas a verdade, sê amante do silêncio. Este fará com que resplandeças em Deus como o sol, e te afastará das ilusões da ignorância". Quem ama e preza pela verdade, vai também amar o silêncio. Quem ama sabe viver em silêncio. Para Chittister, "o silêncio é o início da paz. É no silêncio que aprendemos que há mais vida do que aquilo que ela parece nos oferecer. Há uma beleza, uma verdade e uma visão mais ampla do que o presente, e mais profunda do que o passado, que apenas o silêncio pode descobrir" (2017, p. 159).

Para o jesuíta Benjamin Conzález Buelta,

> pouco a pouco cairemos em um silêncio de qualidade. Em nosso silêncio, podemos escutar a proposta de Deus sobre o mundo. No silêncio de Deus poderemos nos dizer inteiramente. Deus é o silêncio puro, a acolhida mais nítida e cálida, sem travas nem condenações. Esse silêncio pode transformar-se na forma mais pura de comunicação, de comunhão, ao nos apartar de uma cultura de viciados no ruído (2012, p. 82).

O nosso silêncio deve nos levar a escutar a proposta de Deus sobre este mundo que peregrinamos. Nesse silêncio de Deus, podemos nos sentir pessoas inteiras. O puro silêncio de Deus é capaz de afastar da cultura do vício do ruído. A pedagogia divina do silêncio nos conduzirá para uma comunicação e comunhão plena.

Terceira pausa

Senhor, meu Deus, desejo te escutar no silêncio da folha que cai, na brisa suave, no canto dos passarinhos, mas, acima de tudo, te escutar nas profundezas da minha alma.

SILÊNCIO E ORAÇÃO

Para o monge e místico Thomas Merton, a experiência do silêncio é libertadora e está repleta do espírito da oração. No silêncio tudo está incluso. Merton disse:

> Quando me liberto pelo silêncio, quando não mais estou envolvido em calcular a vida, mas em vivê-la, posso descobrir uma forma de oração em que efetivamente não há distrações. Toda a minha vida se torna oração. Todo o meu silêncio está repleto de oração. O mundo de silêncio em que me acho imerso contribui para minha oração (2001, p. 73).

O silêncio nos conduz à oração, à paz interior. Ele contribui para que a oração seja um tornar-se um com o próprio Deus.

Certa vez li em uma pequena placa: "O silêncio é uma prece". O silêncio é prece porque nele tudo está unificado: mente, corpo e coração. Prece porque é um grito que emerge das profundezas do ser e se dirige ao Ser. No silêncio não necessitamos mais das palavras. O silêncio é uma prece rezada apenas com o corpo, dispensa as palavras. Merton disse: "O silêncio constrói a vida de oração". O orante depende do silêncio para acalmar-se e concentrar-se.

O frade franciscano Richard Rohr comentava que: "É na oração e no silêncio que nos sentimos mais próximos de

Deus. O silêncio é a linguagem de Deus". Se quisermos de fato falar a linguagem de Deus, temos que aprender a linguagem do silêncio. Hoje, há barulho em demasia em todos os lugares. Nem as igrejas escapam dessa realidade. Conversas, toque de celular, som ruidoso etc. Tudo atrapalha aqueles que buscam um refúgio, um pouco de tranquilidade na oração e no silêncio. Por que tanta inquietação? No silêncio nossa vida se torna uma oração, pois entramos na dinâmica da íntima comunhão trinitária.

Deus, o grande artista do universo, comunica seu amor no silêncio de cada coração. É como se ele sussurrasse bem baixinho no ouvido: "Eu amei você com amor eterno, por isso conservei o meu amor por você". O amor de Deus por nós é infinito. Na mesma lógica bíblica Leonardo da Vinci afirma: "As mais lindas palavras de amor são ditas no silêncio de um olhar". Você se sente plenamente olhado e amado por Deus e pelas pessoas que o cercam?

O silêncio de um olhar fala muito. Um olhar fala sem palavras. No olhar silencioso e atencioso há uma pedagogia a ser resgatada. Jesus é o homem do olhar. Nos Evangelhos ele toca e olha o cego, a mulher pecadora, o homem da mão seca, o filho pródigo etc. Age no silêncio e na força do Espírito. Há no silêncio de um olhar um mistério, um segredo que vai além da lógica convencional. O amor pode muito bem ser expresso sem palavras, simplesmente pelo olhar terno, amigo, singelo etc.

Quarta pausa

Senhor, quero fazer do meu silêncio uma prece de louvor e gratidão pela vida. Sinto que meu silêncio está repleto da tua presença e, por isso, posso dizer: "Senhor meu, sou todo teu, tu bem sabes".

RECOLHIMENTO INTERIOR

O recolhimento e o silêncio caminham juntos. Anselm Grün, meditando sobre o tema do silêncio, é enfático em dizer: "Quem aprendeu o reto silêncio também consegue falar retamente. Ao falar ele não perde o recolhimento nem a abertura para a presença de Deus, em que deve exercitar-se pelo silêncio" Existem pessoas que falam alto e aquelas que não falam, apenas gritam. Elas têm ânsia de que todos lhes escutem. Essas pessoas não aprenderam o reto silêncio. Na verdade, elas não sabem fazer silêncio. Eu me pergunto: Quando é que essas pessoas param e se recolhem?

Há uma sabedoria de um Mestre Sufi que diz: "Se a palavra que você vai falar não é mais bela que o silêncio, então, não a diga". Nessa máxima sufi encontra-se um caminho que aponta para os vestígios de uma pedagogia do silêncio.

Antes de falar, é sempre bom pensar, refletir sobre o que será dito. Muitas palavras têm gerado apenas confusão, incompreensão, desentendimento etc. Por outro lado, recolhimento não quer dizer fuga da realidade. No recolhimento permanecemos em silêncio à espera de uma palavra, de um sinal, de uma luz. Recolher-se para silenciar todo o ser.

Recolher-se para encontrar-se. Santa Edith Stein sentiu e viveu o silêncio no mais profundo de sua alma. Ela escreveu que para a alma "o seu silêncio é a mais querida das 'palavras'". Chega o momento em que a alma não necessita mais de palavras, chega-se ao puro silêncio da contemplação.

Antoine Saint-Exupery compreende a oração e o silêncio como exercício. Ele assim se expressou: "O amor é em primeiro lugar exercício de oração e todo exercício de oração é exercício de silêncio". O amor é um exercitar-se para a oração e o silêncio exterior e interior. A singeleza do amor só pode ser percebida através da oração, como ponte para o silêncio.

O caminho para dentro de nossa interioridade passa pelo silêncio, que é a linguagem de quem realmente ama. Oração e silêncio fazem parte da vida de uma pessoa que anseia viver amorosamente. O exercício não é algo estático, parado no tempo. O exercício da oração e do silêncio é dinâmico, alegre e cheio de criatividade.

A paz encontra-se ameaçada. O silêncio é um elemento para criar a espiritualidade da paz. O trabalho pela paz não pode esquecer a dimensão contemplativa do silêncio.

Como é bonito ver um casal de pessoas amadurecidas no amor. O fato de ficarem horas em silêncio, olhando uma para a outra, é sinal de que aprenderam a exercitar-se no silêncio e para o silêncio. Criar um coração silencioso e amoroso é a meta essencial de todo caminho espiritual. O amor é primordialmente um mover-se para a oração e o silêncio. O amor verdadeiro se exercita na oração, que é, ao mesmo tempo, um exercitar-se para a interioridade. Em outras palavras, o amor é um eterno exercitar-se para o silêncio e a oração.

Quinta pausa

Pai, o mundo está cheio de ruído de todo tipo. Minha alma tem sede de recolhimento para o silêncio e a oração. No silêncio do meu coração, digo como o profeta Samuel: "Fala, Senhor, que teu servo escuta".

II
SILÊNCIO É A VOZ DE DEUS

Silêncio é ausência de som? Existem os sons do silêncio. Esses sons são encontrados principalmente na natureza. Os sons da natureza são benéficos para o corpo e para a alma. Nos ruídos das grandes cidades, perde-se o contato com o ambiente natural e seus sons variados.

O filósofo grego, Hermógenes, teve uma percepção nítida para o som. Ele expõe que o "silêncio, em verdade, não é a ausência de som. Silêncio é a voz de Deus. Aprende dele". Quem é capaz de fazer silêncio, é capaz de ouvir a voz de Deus. Por meio do silêncio interior e exterior, Deus quer dialogar conosco como um amigo.

No silêncio aprendemos o quanto nossas palavras são muitas vezes inúteis. No silêncio nossas palavras são ressignificadas, ou seja, ganham um novo impulso, um novo sentido. Vivemos num mundo de muitas palavras construtivas e, às vezes, destrutivas. "O silêncio é a arte perdida de nossa sociedade", diz Chittister. Como distinguir no meio dessas palavras a única palavra que Deus pronuncia a respeito do ser humano? Na pedagogia do silêncio, encontramos ferramentas para distinguir a voz de Deus da que vem do próprio ego.

O poeta Rumi dizia: "A inspiração que você procura já está dentro de você. Fique em silêncio e escute". Ficar em silêncio para escutar a si mesmo é uma forma de meditação. É fácil? Se consegue em alguns minutos ou em um dia? Não é fácil, pois nossos pensamentos são velozes. Só com exercício, dedicação e disciplina se alcança o silêncio da mente e do coração. O silêncio é a voz de Deus que diz: "eu o redimi e o chamei pelo nome; você é meu" (Is 43,1). No silêncio escutamos Deus nos chamando pelo próprio nome. Que bom seria se de nossos lábios saísse esta profunda confissão: "Senhor, meu Deus, sou todo teu. Eu pertenço unicamente a ti".

Sexta pausa

Senhor, meu Deus, dá-me capacidade de compreender que a tua voz ressoa no silêncio de cada amanhecer. Hoje, muitos te procuram na euforia enganosa. Que, como um amigo, eu sempre te busque secretamente no silêncio onde moras.

O SILÊNCIO ESTÁ CHEIO DE DEUS

Madre Martha Lúcia, abadessa beneditina, é uma testemunha da vida silenciosa. Ela traduziu sua experiência com estas palavras: "O silêncio está cheio de Deus [...] Não é um mutismo ou somente uma ausência de palavras, mas um diálogo, uma relação de amor com Alguém". O silêncio está repleto do Espírito de Deus. O silêncio não é indiferente a ninguém. É dialógico, relacional. É um relacionar-se sem palavras.

O teólogo e filósofo Francesc Torralba mostrou o valor do silêncio na atualidade quando disse: "O silêncio, contudo, é um poderoso meio de comunicação, uma forma de expressão que, em certos contextos, é mais significativa e clara que uma infinidade de palavras e imagens" (2015, p. 85).

Com o silêncio também comunicamos e, às vezes, ele dispensa palavra e imagens. Ele é um poderoso meio de comunicação. Ele não está fora de moda. Assim, o silêncio é um antídoto contra toda essa parafernália produzida pela modernidade. Segundo Joan Chittister, "o silêncio nos permite ouvir a cacofonia dentro de nós. O estar a sós com nós mesmos, é uma presença exigente". Sair do estado "cacofônico" é exigente e requer disposição interior, disciplina e organização.

O educador e escritor Rubem Alves escreveu: "Deus é isto: A beleza que se ouve no silêncio. Daí a importância de saber ouvir os outros: a beleza mora lá também". O belo só pode ser ouvido no silêncio. A pedagogia do silêncio é um caminho para contemplar a beleza singela do silêncio.

Se Deus é a beleza que se ouve no silêncio, por que alguns líderes religiosos fazem tanto barulho em suas pregações? Isto parece muito contraditório em nossos dias. E geralmente esses líderes gritantes não sabem ouvir as pessoas. Imaginam que, com seus gritos, vão converter novos adeptos. Deus é beleza que se ouve no silêncio. Para Francesc Torralba, "a contemplação da beleza é um ato silencioso". A contemplação da beleza é uma ação silenciosa. O contemplativo vê os vestígios da beleza em meio ao silêncio do dia e da noite. O belo, para ser olhado, contemplado, necessita do silêncio.

Sétima pausa

Obrigado, Senhor, por eu encontrar no silêncio respostas para o meu viver. Sei o quanto o silêncio é benéfico nas relações pessoais, interpessoais. Senhor, ensina-me a dialogar a partir do silêncio.

FEITO PARA O SILÊNCIO

Mahatma Gandhi fez uma riquíssima experiência do silêncio em sua vida. Ele comentou:

O silêncio já se tornou para mim uma necessidade física e espiritual. Inicialmente, escolhi-o para aliviar-me da depressão. A seguir, precisei de tempo para escrever. Após havê-lo praticado por certo tempo descobri, todavia, seu valor espiritual. E, de repente, dei conta de que eram esses momentos em que melhor podia comunicar-me com Deus. Agora, sinto-me como se tivesse sido feito para o silêncio (2004, p. 11).

O silêncio era para Gandhi uma necessidade física, espiritual e intelectual.

Este apreço do místico pelo silêncio se resume na frase: "Agora, sinto-me como se tivesse sido feito para o silêncio". A sensação que ele tem é como se tivesse sido feito, ou seja, destinado para o silêncio. Gandhi descobriu que o silêncio era, sem dúvida, sua melhor forma de se comunicar com Deus. O silêncio o conduziu sempre mais para dentro de Deus. O silêncio é uma necessidade na sua vida? A sociedade tem necessidade de silêncio? Para uma vida ter êxito e sucesso necessita do silêncio.

Para o escritor Eckhart Tolle, "A verdadeira inteligência trabalha em silêncio. É no silêncio que a criatividade e a solução de problemas se encontram". O silêncio não é só para os monges. Os grandes mestres da humanidade sempre cultivaram o silêncio. As mentes inteligentes trabalham sempre em silêncio.

No silêncio flui a criatividade e a solução dos problemas da humanidade. Ele é fonte de criatividade. Pena que muitas pessoas ainda não descobriram o potencial criativo que está por trás do silêncio. A solução para os problemas humanos não vem do barulho, mas do silêncio. Se deseja que sua vida seja criativa, cultive o silêncio. Se deseja ser inteligente, sábio, cultive o silêncio.

Como faz falta uma espiritualidade silenciosa e criativa ao mesmo tempo. Da criatividade nascida do silêncio, podemos fazer este mundo mais alegre e feliz. Da capacidade de criar o novo, a vida ressurge. Os problemas da humanidade também são meus e seus. E esses problemas só serão solucionados quando estivermos conectados, ancorados no silêncio, e formos criativos e não inventivos.

Mestre Eckhart, filósofo e místico da Idade Média, dizia: "Não há nada em toda a criação tão semelhante a Deus quanto o silêncio". Este pensamento do mestre dominicano é impactante. Para Eckhart, Deus é semelhante, idêntico ao silêncio. Quem cultiva o silêncio está mais próximo de Deus.

Santo Agostinho, no comentário ao Evangelho de João, afirmou que "nossa alma tem necessidade de solidão. Na solidão, se a alma está atenta, Deus se deixa ver. A multidão é ruidosa; para ver a Deus é necessário o silêncio". Sem silêncio é impossível ver a Deus. Sentir sua presença.

Oitava pausa

Pai querido, não sei mais viver sem o silêncio. Sinto em minha alma como se estivesse sido feito para o silêncio. No silêncio, sinto-me seguro e protegido. Aprendi que o silêncio é uma necessidade e, ao mesmo tempo, uma força transformadora. Senhor, que eu nunca perca de vista que o silêncio cura e o barulho adoece.

DEUS É AMIGO DO SILÊNCIO

Madre Teresa de Calcutá foi uma pessoa de ação extraordinária, mas cultivou o silêncio como forma de criar uma profunda amizade com seu Amado. Ela dizia:

> Precisamos encontrar Deus, e não podemos fazê-lo com barulho e desassossego. Deus é amigo do silêncio. Veja como a natureza – árvores, flores, grama – crescem no silêncio; veja as estrelas, a lua e o sol, como se movem em silêncio... Precisamos de silêncio para sermos capazes de tocar almas (Apud Manning, 2000, p. 140).

Quem quer ser amigo de Deus precisa ser amigo do silêncio. Deus é silêncio. Com o nosso silêncio interior e exterior tocamos a vida das pessoas. Há uma busca por Deus, pelo mistério, pelo sagrado, mas esta busca só será encontrada no silêncio. Deus se deixa encontrar no silêncio de cada caminho. Aquele que busca o silêncio interior deve ter uma certa disciplina. Anselm Grün, monge beneditino e escritor acentuou: "O silêncio é uma disciplina que deve produzir uma atitude interior". Não devemos entender disciplina como algo pesado, duro, amargo, mas como organização da própria vida interior.

O filósofo alemão Martin Heidegger fez uma declaração surpreendente: "Os grandes pensamentos sempre chegam com os pés do silêncio". Para Heidegger os pés são uma imagem para o silêncio. Os pensamentos chegam com o silêncio e no silêncio ganham força. Os grandes pensamentos não nascem em meio à agitação do cotidiano. "Os pés do silêncio" são uma imagem para dizer que os bons e belos pensamentos chegam por meio do silêncio, tanto interior quanto exterior. O filósofo continuou: "Um ressoar da palavra autêntica só pode brotar do silêncio". Ao fazer ressoar uma palavra autêntica para o mundo, esta deve brotar do silêncio.

Nona pausa

Senhor, tu és amigo do silêncio. Eu também quero ser amigo do silêncio. Sinto-me encharcado de palavras vazias e sem conteúdo. Ajuda-me, Senhor, a ver com admiração as flores, o sol, a lua, e como eles se movimentam no maravilhoso silêncio.

AMOR E SILÊNCIO

Marla Bork afirmou com toda convicção: "O amor mora no silêncio e ele é curativo". Só um amor silencioso é capaz de curar. O silêncio amoroso possui uma dimensão terapêutica. São João da Cruz nos ensinou com poucas palavras: "Deus só escuta o amor silencioso". O amor é bálsamo que cicatriza ferimentos adquiridos ao longo da vida. O amor harmoniza, acalma, porque mora na casa do silêncio.

Poeticamente Henrique Shivas escreveu: "No amor, o silêncio é a palavra que precede o beijo". O silêncio é a palavra por excelência. Muitas vezes não é necessário dizer absolutamente nada, quando tudo está em harmonia. Um beijo sem palavras pode expressar um amor grande e profundo. Dizendo com outras palavras, o silêncio precede a palavra para culminar num beijo amoroso, terno e carinhoso. O beijo é uma expressão de amor, mas é também expressão daquilo que posso expressar sem palavras.

O silêncio como lugar da escuta de Deus é o lugar da reintegração e da reorientação da vida do ser humano perplexo, confuso, sem sentido, por fim, descentrado de si mesmo. Thomas Merton nos recordou que "existe uma única língua que se fala na cidade de Deus, a língua da caridade. Os que falam melhor falam em silêncio". Aprender a falar em silêncio é o que a pedagogia quer nos ensinar. Falar em silêncio é falar a língua da caridade, é falar a linguagem do amor.

O filósofo Ludwig Wittgenstein concluiu a sétima proposição do seu Tratado com estas enigmáticas palavras: "Sobre aquilo que não se pode falar, guarde-se silêncio". Wittgenstein é o filósofo da linguagem. Ele não deixou passar despercebido o tema do silêncio em seus estudos. Num mundo tagarela, guardar silêncio não é algo fácil. O silêncio é uma atitude. É uma escola de amor e vida. É uma poesia sem palavras. É assim que Catherine de H. Doberty compreende o silêncio. Catherine enalteceu o silêncio com estes versos:

> Silêncio, uma escola de amor e de
> morte onde a alma encontra a vida.
> Silêncio... chave
> Que abre a imensa fornalha
> do coração de Deus.
> Silêncio... verbo,
> frase, discurso de amor
> apaixonado que se consuma
> no abraço de Deus.
> Silêncio... mais que união,
> é unidade com o Senhor! (Apud Sciadini, 2000, p. 23).

Na escola do silêncio, aprendemos a linguagem do amor, onde a alma se revigora. Nessa escola encontramos a chave secreta que abre a fornalha, a centelha do coração de Deus. Na escola do silêncio, aprendemos a nos lançar confiantemente nos braços de Deus, onde tudo é consumado no amor e pelo amor.

O conselheiro espiritual Henri Nouwen, na obra *O caminho do coração*, descreveu bem que no mundo prolixo a palavra perde o poder de comunicação devido à desvalorização do silêncio. Ele afirmou:

> Em nosso mundo prolixo, no qual a palavra tem perdido o seu poder de comunicação, o silêncio ajuda a manter nosso espírito e o nosso coração ancorados no mundo futuro, e nos permite pronunciar, dali, uma palavra criadora e recriadora ao mundo presente. Desse modo, ele também nos oferece uma direção na prática de nosso ministério (2012, p. 63).

No mundo em que vivemos, a palavra é usada demasiadamente, com isso ela perde sua força de comunicar e transformar. O silêncio mantém nosso espírito e nosso coração ancorados numa base sólida: Deus. Só assim seremos capazes de pronunciar uma palavra criadora e recriadora de vida para o mundo presente e futuro. O místico Ângelo Silésio disse: "Se tu pensas em Deus, tu o ouves dentro de ti, na medida do teu silêncio". Quanto maior o silêncio, maior a capacidade de ouvir a voz suave de Deus. "O silêncio faz mais do que nos confrontar com nós mesmos, no entanto,

Ele nos torna sábios", afirmou Chittister. A sabedoria que provém do silêncio a nada se compara. É uma sabedoria existencial que torna a vida mais bela e feliz.

Décima pausa

Senhor da vida, em nosso mundo cheio de palavras o silêncio ajuda a manter o nosso espírito e o nosso coração ancorados no teu coração. Ancorados em ti, é possível pronunciar uma palavra criadora e recriadora, capaz de gerar vida em todas as dimensões.

III
SILÊNCIO INTERIOR E EXTERIOR

Lubienska de Lenval afirmou: "O silêncio interior é o ponto de encontro da alma com Deus". Silêncio interior e exterior são importantes e necessários para a sobrevivência humana. Mas o silêncio interior é o lugar de encontro da alma com Deus. No silêncio interior a alma anseia por encontrar Deus.

Frei Giacomo Bini, que foi ministro-geral da Ordem dos Frades Menores, percorreu o mundo visitando os frades e as irmãs clarissas. Em uma de suas reflexões sobre o silêncio ele dizia: "é preciso dizer que necessitamos de uma formação para o silêncio interior, um silêncio exterior, que nos é necessário, pois se este falta, torna-se mais difícil o silêncio interior. Precisamente o silêncio interior é o mais importante e o mais difícil". Hoje é possível este silêncio interior? Nossas comunidades, pastorais e movimentos necessitam de formação para o silêncio interior.

Santa Clara de Assis chegou a dizer: "Somente a alma, na sua linguagem silenciosa, consegue fazer o que sentimos". Nossa alma necessita do silêncio interior e do repouso. O ser humano, amante do silêncio, pode ser um sinal do Absoluto neste mundo.

Anselm Grün com muita propriedade assinalou: "O silêncio é a porta que o nosso ouvido interior abre para se poder escutar a maravilhosa melodia da alma". Sem silêncio não é possível escutar a melodia, a música da alma. O silêncio é a porta, a janela para saborear o som maravilhoso e poderoso que ele tem de gerar dentro da alma humana.

A pedagogia do silêncio constata que necessitamos nos educar para o silêncio. Foi assim que Nicolás Caballero compreendeu a educação para o silêncio. Segundo ele: "Educar-se para o silêncio equivale a educar-se para o mistério". Quem começa a educar-se para o silêncio já está se educando para o mistério. O mistério só pode ser contemplado no silêncio de cada coração, no silêncio da liturgia, do retiro e da meditação. Na nossa cultura, a educação para o silêncio e para o mistério é ainda uma utopia, um sonho.

No Talmude encontramos esta frase: "O silêncio é a cerca construída em redor da sabedoria". Silêncio tem a função de proteger a sabedoria. É como uma cerca, um muro, uma grade. Pessoas sábias sempre são silenciosas. As palavras, quando nascem do silêncio, são mais sábias do que aquelas pronunciadas sem reflexão, sem consciência. Silêncio e sabedoria são duas coisas extremamente necessárias no nosso tempo. Antes de falar, pense se suas palavras nasceram no jardim do silêncio e da sabedoria.

O místico e poeta Rabindranath Tagore fala do silêncio usando a língua poética. Ele diz: "O silêncio saberá proteger-te a voz, como o ninho protege as aves adormecidas". O silêncio é proteção, assim como o ninho protege as aves dormindo. A sociedade pós-moderna perdeu de vista a importância do silêncio, mas o poeta acena justamente para isso. O silêncio como um meio de proteger a voz do palavreado desnecessário. Quanta palavra jogada ao vento!

Segundo Torralba, "O silêncio só tem valor quando é fruto de uma decisão livre, um ato de vontade". O silêncio jamais pode ser imposto como obrigação. Ele é um ato livre da minha própria vontade. Quando o silêncio é livre, ele liberta, quando ele é imposto, aprisiona o ser humano. Necessitamos viver em silêncio e a partir do silêncio para descobrir a maneira de viver mais profunda e plenamente a vida.

Calisto, discípulo de Gregório e mestre de oração, evidencia que "o silêncio é o mistério do século futuro, as palavras são o instrumento do mundo presente". O silêncio é mistério. A palavra é instrumento. Duas dimensões importantes.

Uma faz parte do presente e a outra nos remete ao futuro, ao que há de vir. O silêncio, sendo mistério, não pode ser tocado e apalpado com as nossas mãos.

O monge e místico do século XX, Thomas Merton, escreveu:

> Se nada do que é visível pode ser Deus, nem o pode ser Deus, nem o pode representar o nosso espírito como ele em verdade é, então, para encontrar a Deus, temos que ultrapassar tudo o que pode ser visto e penetrar nas trevas. Desde que nada que pode ser ouvido é Deus, para achá-lo, temos de mergulhar no silêncio (1999, p. 133).

Merton, desde que entrou para o mosteiro, fez a experiência de mergulhar no silêncio dia após dia. Ele tinha consciência de que só podia encontrar Deus em meio ao silêncio. Tornou-se um verdadeiro amante do silêncio.

Décima primeira pausa

Senhor, há muito barulho na minha mente, no meu coração e ao meu redor. Como é difícil silenciar nessas horas. Precisamos urgentemente nos educar para o silêncio e para o mistério. O silêncio interior é o lugar de encontro da minha alma contigo. Acolhe-me, Senhor, no teu sagrado silêncio!

A SUAVIDADE DO SILÊNCIO

O Irmão Roger dizia: "Fale somente quando suas palavras forem tão suaves quanto o silêncio". Isso me recorda um provérbio chinês: "A palavra é prata, o silêncio é ouro". Vivemos num mundo de muitas palavras e, às vezes, palavras duras, ásperas e secas. Nessas horas faz falta a suavidade nas palavras. Essas palavras na sua maioria não dizem nada ou quase nada. É preciso inspiração. Sem inspiração só há transpiração, vazio. A doçura e a leveza das palavras encantam e possuem a força de tocar o coração das pessoas.

Para Krishnamurti, a "Meditação é a ação do silêncio". A suavidade do silêncio cria espaço para a meditação. Alguém consegue meditar em meio ao barulho? A meditação, com sua ação, é capaz de criar uma atmosfera de silêncio, tranquilidade e paz. As religiões têm cultivado o silêncio como caminho de purificação e de acesso ao inefável.

O filósofo e teólogo ortodoxo Jean-Yves Leloup falou sobre o aprendizado do silêncio nos dias de hoje de forma simples, mas profunda. Como mestre da tradição hesicasta, ele ensinou: "Aprenda com o silêncio a ouvir os sons interiores da sua alma, a calar-se nas discussões e, assim, evitar tragédias e desafetos". Em pleno século XXI, temos a grande urgência de aprender com o silêncio a ouvir tudo o que se passa dentro da alma, mas, ao mesmo tempo, de saber calar diante das discussões sem fundamento para evitar eventuais tragédias, desafetos e desapontamentos na vida.

Se aprendermos com o silêncio, estamos dando um salto de qualidade nas relações pessoais e interpessoais. Nesse sentido, Dom Giuseppe Betori acrescenta: "Necessitamos do silêncio para fazer nascer em nós uma postura ou uma atitude de escuta, pressuposto para o sucesso da comunicação". O sucesso da comunicação depende em muito do silêncio que fazemos dentro de nós. Necessitamos do silêncio como uma pedagogia que nos conduza a uma postura, a uma atitude de escuta profunda e consciente de quem realmente nós somos.

O silêncio é um caminho, uma pedagogia para o mistério. É assim que Johannes Poelman o compreende. Ele escreveu:

> O silêncio é um caminho. Não o único, mas faz parte de qualquer caminho. Silêncio quer dizer calar o eu, distanciar-me do modo de ser a que eu estava acostumado. Não me envolver com tudo o que ele sugere, com seus apegos, suas expectativas, suas fantasias, sua maneira de compreender a realidade, sua compreensão da santidade (2013, p. 29).

O silêncio é um itinerário para dentro do mistério, do sublime. O silêncio não é o único caminho em direção ao mistério. O que quer dizer silêncio? Calar o eu. Emudecer o eu, o ego. É distanciar-se das distrações corriqueiras, das fantasias, das imagens de todos os tipos. Silêncio é calar e deixar o divino mistério falar em nós. Ele nos reconduz ao ponto mais íntimo de nós mesmos, ali onde a eternidade nos toca e nos vivifica. Deus deseja proferir aquela palavra única e exclusiva ao centro do *self*, ao centro do ser.

Décima segunda pausa

Senhor, a suavidade do silêncio invade a minha alma. Sinto o desejo de me entregar a ti, de pertencer unicamente a ti. O silêncio está me levando a um estado de paz, harmonia, amor e compaixão. Obrigado, Senhor!

SILÊNCIO E CONTEMPLAÇÃO

A monja carmelita Elisabete da Trindade, em seus escritos, registrou: "Como compreendo, agora, o recolhimento e o silêncio dos santos que não conseguiam mais abandonar a sua contemplação". O recolhimento e o silêncio geram um ambiente propício à contemplação. A contemplação gerada pelo silêncio amoroso é simplesmente estar na presença de Deus como uma criança que brinca despreocupadamente.

Na contemplação nos tornamos um com o Deus que nos ama infinitamente. Na contemplação sentimos a presença daquele que diz, sem medir as palavras: "Tu és meu". Nesse estado, ou melhor, nesse nível há uma fusão de olhares: "Eu olho para ele e ele olha para mim". Somos um no olhar. Vejo-me refletido no olhar do meu Senhor. Ele me vê refletido no seu olhar. Que maravilha! Que beleza!

Irmã Elisabete da Trindade explicita em seu diário o desejo de silêncio em totalidade de forma poética. Ela enfatizou:

> Calar minhas mãos agitadas
> Para uni-las às tuas
> Mãos silenciosas...
> Calar meus pensamentos ansiosos
> Para se fundirem
> À tua memória pacificadora...
> Calar meus afetos em desordem
> Para que o teu amor no silêncio me unifique...
> Cale-se minha dor e alegria,
> Minha esperança e poesia,
> Para que, contigo e em teu silêncio
> Eu seja em totalidade!
> (Apud Sciadini, 2000, p. 196).

Elisabete torna claro seu desejo de estar em silêncio para ser com ele uma totalidade, uma completude. É o desejo de estar toda pacificada, unificada. Em outras palavras, é o desejo de fundir-se no Amado. Ser um com ele. No livro das Lamentações encontramos estas palavras: "É bom esperar em silêncio a salvação de Deus" (Lm 3,26). Deus nos salva, nos ama, nos cura, nos acaricia no silêncio. Esperar em silêncio e pacientemente é tarefa espiritual.

O monge beneditino Henri Le Saux falava da contemplação como um caminho interior. Disse ele: "Tenta encontrar o caminho do interior, até o centro do coração, ali onde o homem, despertando para si, desperta para Deus". Nesse caminho interior que conduz ao centro do coração, o ser humano despertado contempla a face de Deus. O silêncio, a contemplação, a oração são caminhos para o despertar. Hoje, mais do que nunca o ser humano necessita da mística do despertar.

Rabindranath Tagore, também usando o recurso da linguagem poética, escreveu: *"Se não falas, vou encher o meu coração do teu silêncio e guardá-lo comigo (…)"*. O amante do silêncio é aquele que enche o coração de silêncio e o guarda consigo mesmo. Encher o coração de silêncio é o desejo de todo místico. Com o coração cheio de silêncio, ele caminha sem se cansar e se esgotar. Como se reconhece uma pessoa que leva Deus em seu coração? Gerhard Tersteegen acertadamente disse: "pelo silêncio se reconhecem os que levam Deus em seu coração". A qualidade do silêncio é critério para saber se uma pessoa carrega Deus em seu coração. Merton, por sua vez, confessou: "Recebemos no coração o silêncio de Cristo, quando proferimos pela primeira vez de coração a palavra da fé". Sentar, acalmar os passos e tranquilizar o coração para acolher o silêncio de Cristo, caminho, verdade e vida.

Hoje, cresce na Igreja a tendência de muito barulho e de euforia. Quanto mais barulho melhor, no entanto, barulho não significa alegria. Madre Teresa dizia: "Deus se manifesta no silêncio". E dizia mais ainda: "o fruto do silêncio é a oração". O sentar em silêncio é uma oração. Muitas pessoas ainda não aprenderam a rezar. Elas pensam que rezar é dizer muitas coisas para Deus. Silenciar a mente e o coração é uma profunda oração. Silenciar os lábios e manter o olhar fixo naquele que é o princípio e fim de nossa existência.

Para obter a graça do silêncio interior, é necessário a oração. Catherine de Hueck compreendeu perfeitamente esta realidade. Assim, a oração brota dos lábios:

> Dá-me, Senhor, a graça do silêncio
> e da solidão do coração
> no meio de turbilhões e de barulhos ensurdecedores
> que penetram minha vida.
> Dá-me descansar
> no coração de teu coração sem cessar
> e de me entregar a ti (Apud Guimarães).

Este deve ser também o nosso pedido: "Dá-me, Senhor, a graça, a beleza do silêncio e da solidão do coração". Nesse mesmo espírito o poeta Rumi disse: "Que o silêncio seja o meu escudo, e meu coração ouça a voz de Deus". Que o silêncio seja a minha proteção e eu seja capaz de ouvir com o coração a voz de Deus. Ouvir com o coração é mais do que ouvir com os ouvidos. Ouvir com o coração é ouvir com todo o nosso ser. Para Rumi, a entrega total a Deus na oração só é possível no silêncio.

Décima terceira pausa

Senhor, o silêncio e a contemplação me levam a tornar-me um contigo. Nessa unidade de mente e coração, como é bom poder dizer: "Meus olhos se voltam para ti, pois tu és a minha única esperança". Deixa-me descansar no teu coração.

UM MERGULHAR NO SILÊNCIO

O teólogo luterano Dietrich Bonhoeffer afirmou com razão: "Calar não quer dizer outra coisa senão aguardar a Palavra de Deus, acolher sua bênção quando ela chegar". O silêncio ensina-nos a aguardar a Palavra de Deus e, ao mesmo tempo, a acolhê-la como bênção frutífera em nossa existência. Este alegre aguardar a Palavra era uma prática na vida de Maria de Nazaré. Ela aguardava e guardava a Palavra no seu coração. "Sim, essa palavra está ao teu alcance: está na tua boca, e no teu coração, para que você coloque em prática" (Dt 30,14).

Carlo Maria Martini, em suas meditações sobre a Palavra de Deus, teceu este brilhante comentário a respeito do silêncio para meditar e interiorizar a Palavra. Ele destacou que,

> Se no princípio era a Palavra, e da Palavra de Deus, advinda a nós, nossa redenção começou a se tornar verdadeira, é claro que de nossa parte, no início da história pessoal de nossa salvação deve haver o silêncio. O silêncio que escuta, acolhe, que se deixa animar. Certamente, à Palavra que se manifesta devem corresponder nossas palavras de gratidão, adoração, súplica; mas em primeiro lugar, o silêncio (Apud Sciadini, 2000, p. 26).

Vivemos em um século saturado de informação, mas escasso de uma reflexão que conduza à paz interior.

No silêncio a palavra não é excluída. Ela é instrumento para agradecer, adorar, suplicar. Porém, o silêncio está em primeiro lugar. Irmã Joan Chittister enriqueceu a meditação de Martini, quando disse que "a Palavra que buscamos está se pronunciando no silêncio dentro de nós". A Palavra só é capaz de transformar este mundo entorpecido pelo barulho e pelo ruído, se nascer de um coração silencioso.

Para Jean Guitton,

existe um silêncio que é um elemento primordial sobre o qual a palavra desliza e se move, como um cisne sobre as águas de um lago. Para ouvir com proveito uma palavra, convém criar em nós este lago imóvel. Depois de haver escutado, será preciso deixar que as ondas concêntricas se propaguem, amorteçam e expirem. A palavra vem do silêncio e ao silêncio retorna (Apud Guimarães).

O silêncio é um elemento primordial para a humanidade. Quando procuramos criar este silêncio primordial, tornamo-nos como um cisne que desliza e se move sobre o lago. O que nós, cristãos do século XXI, estamos fazendo para recuperar o elemento primordial do silêncio?

Esta imagem do lago é significativa para dizer que, quando não estamos como o cisne, é porque ainda há muita agitação dentro de nós. O lago ainda não está imóvel, calmo, parado. Quando tudo estiver concentrado, isto é, as emoções, os sentimentos, então, podemos ouvir a palavra que vem do silêncio e a ele retorna.

O ser humano não vive sem silêncio. Segundo Germain Barbier,

é no silêncio que tomamos consciência de nosso ser e de todos os seres. É fundamental o silêncio para que possamos ouvir a palavra das criaturas e a Palavra de

Deus. O silêncio é o substrato necessário da palavra, a condição de sua existência e de sua integridade. O homem que não vive só de pão, mas da palavra, tem necessidade do silêncio para viver (Apud Guimarães).

Será que cada dia temos o desejo de ouvir a palavra das criaturas e a Palavra de Deus?

Sem silêncio é impossível ouvir a voz de Deus ressoar no fundo da nossa consciência. Não vivemos somente de comida, bebida, diversão. Vivemos também da Palavra de Deus escutada no silêncio de cada dia. Centrados na Palavra, damo-nos conta da integridade da vida silenciosa.

Na obra *Amor e vida*, Thomas Merton escreveu de maneira muito precisa a respeito do silêncio na modernidade:

> O silêncio não só nos dá a chance de nos compreendermos melhor, de obtermos uma perspectiva mais verdadeira e equilibrada de nossas próprias vidas em relação à dos outros: o silêncio nos torna inteiros, se permitirmos. O silêncio ajuda a reunir as energias dissipadas e dispersas de uma existência fragmentada (2004, p. 45).

Merton, por experiência própria, sabe que o silêncio dá a chance de o ser humano se compreender melhor e de ganhar uma perspectiva mais verdadeira e equilibrada em relação a si próprio e aos outros. O silêncio nos conduz à inteireza e reconstitui nossa existência fragmentada interiormente. O silêncio gera mais compreensão e nos torna pessoas íntegras. Ele restaura nossas energias físicas e mentais.

O poeta Tiago de Melo nos brindou com este fragmento poético: "O silêncio é um campo plantado de verdades que aos poucos se fazem palavras". O silêncio não se opõe às palavras nem as palavras ao silêncio. O silêncio e a palavra são dois instrumentos, isto é, meios para uma comunicação de qualidade.

Décima quarta pausa

Hoje eu quero, Senhor, mergulhar no teu silêncio. Deixar-me absorver por ele. Quero sentir a leveza, a calmaria que há tanto tempo não sinto. Que o teu Divino Espírito seja o meu guia e mestre interior nesta jornada rumo ao silêncio.

CRIAR SILÊNCIO

O filósofo Soren Kierkegaard expressou muito bem o estado atual do mundo quando disse:

> O estado atual do mundo e de tudo na vida é de doença. Se fosse médico e pedissem meu conselho, responderia: criem silêncio! Levem os homens ao silêncio.

> Não se pode ouvir a Palavra de Deus no mundo barulhento de hoje (Apud Tuoti, 1997, p. 93).

O barulho adoece; o silêncio cura. Hoje, muitas pessoas estão doentes por falta de silêncio. Temos a responsabilidade de criar ambientes de silêncio e de conduzir as pessoas ao silêncio reconfortador.

O teólogo Romano Guardini nessa mesma linha de pensamento escreveu: "Quando o silêncio não conserva a força da palavra, transforma-se em mutismo". A palavra que brota do silêncio possui uma força. Esta força é capaz de despertar, de acordar, de entusiasmar. Mas, se a palavra perde esta força integradora e libertadora, torna-se puro mutismo. Na era da tecnologia, corremos o risco de substituir completamente o silêncio por outras coisas que nos distanciam de nós mesmos. "O silêncio é o contrário do nada: é a plenitude de vida", conforme Guardini. O silêncio está pleno de vida. Mergulhar nele é mergulhar no mistério da vida.

Por que o silêncio causa medo nas pessoas? O monge budista e escritor, Thich Nhat Hanh, argumentou de forma questionadora a respeito do medo do silêncio que circunda o mundo atual:

> Tenho a impressão de que muita gente tem medo do silêncio. Estamos sempre consumindo alguma coisa (textos, música, rádio, televisão ou pensamentos)

para ocupar o espaço vazio. Se o silêncio e o espaço são tão importantes para nossa felicidade, por que não damos mais importância para essas coisas em nossas vidas? (2016, p. 25).

O silêncio causa medo em muitas pessoas pelo fato de elas viverem apenas na superfície. Vivendo na epiderme não é possível vencer o medo da vida silenciosa. O silêncio é o espelho, a tela onde se projeta e expõe o que cada um de nós é realmente.

Romano Guardini, ao pensar na humanidade que vive mergulhada na tagarelice, assegurou: "A humanidade de quem nunca faz silêncio se dissolve". Tudo se dissolve, tudo se torna líquido. A sociedade atual está se dissolvendo porque não aprendeu o caminho da pedagogia que conduz ao silêncio libertador.

É mais fácil perder-se na distração do que deixar-se envolver pelo silêncio. O silêncio também é importante para a felicidade do ser humano. Vencer o medo do silêncio, o medo das profundezas para se conhecer melhor. Vencer o medo de ficar sozinho, em silêncio, é um passo em direção ao autoconhecimento. No silêncio nos confrontamos com nossos lados sombrios, mas também começamos a cavar para ir em busca do tesouro escondido.

Há dentro de cada pessoa um tesouro escondido. Uma joia preciosa a ser descoberta e compartilhada com os outros. O silêncio é um meio pelo qual entramos em contato com essas realidades mais profundas da existência humana.

Na carta "Contemplai", dirigida aos consagrados e consagradas, encontra-se esta bela afirmação: "A tradição mística guarda a beleza no silêncio, não pretende violá-la. A via da beleza requer exílio, retiro, tensão que unifica". Os consagrados e todos os fiéis são chamados a guardar a beleza no silêncio, mas esta via, este caminho requer retirar-se interiormente. No silêncio existe uma beleza implícita.

O filósofo e escritor russo Fiódor Dostoiévski escreveu acertadamente: "o silêncio é sempre belo, e o homem que cala é mais belo que o homem que fala". O silêncio é belo quando ele não é algo mórbido, imposto, decretado. No silêncio está implícito e explícito a beleza do saber calar e do saber falar. A linguagem do silêncio é bela para quem sabe interpretá-la, decifrá-la em seu código secreto.

A partir da experiência silenciosa e contemplativa, a pessoa encontra o caminho do eu interior. Padre Pio dizia sempre: "Ame o silêncio, porque o falar muito nunca é isento de culpa". Amar o silêncio é o que somos chamados a vivenciar onde predomina o barulho, a agitação, a poluição de todo tipo. Amar o silêncio é amar a Deus, o outro e a criação com toda a sua beleza. É como disse Romano Guardini: "Só no silêncio eu chego diante de Deus". Não existe outra forma de contemplar a Deus face a face que não seja através do simples e puro silêncio.

Décima quinta pausa

Senhor, o mundo atual está sofrendo pela falta de silêncio. Tem imperado uma cultura do barulho, da agitação. O silêncio, por outro lado, gera medo, insegurança. Ninguém quer deparar-se com seus lados sombrios. Então, facilmente se apela para a música, as redes sociais, os textos e tantas outras coisas.
Senhor, que o teu silêncio invada todos os espaços do meu ser, cure as feridas e restaure a minha integridade.

CONCLUSÃO

Hoje, em pleno século XXI, necessitamos de uma pedagogia do silêncio como caminho para a interioridade? A resposta é, sem dúvida, sim. A pedagogia almeja nos conduzir, nos guiar para as margens do silêncio onde Deus fala em nós. A pedagogia torna-se nesse sentido um caminho, um itinerário rumo ao silêncio interior. Silêncio esse capaz de curar, equilibrar e revigorar todo o nosso ser.

Voltar à casa do silêncio dentro de nós é o convite da espiritualidade, da meditação e das tradições espirituais. A poluição sonora que invade frequentemente nossas casas e ambientes de trabalho tem deixado muitas marcas de sofrimento. Existe uma parte, uma dimensão em nós que grita por silêncio, calmaria e paz. Negligenciar essa dimensão é contribuir para a agitação, o estresse, a depressão e outras doenças psicossomáticas.

Resgatar o nobre valor do silêncio constitui um grande desafio, uma vez que ele ainda assusta e gera medo em muitas pessoas. Elas precisam redescobrir a beleza do silêncio interior e exterior. No silêncio está a leveza, o mistério. No silêncio encontramos Deus, que está sempre a nos esperar.

O barulho adoece; o silêncio cura. O barulho fragiliza a saúde física, psíquica e emocional de muitas pessoas. A pedagogia do silêncio aponta-nos para aquilo que é saudável, íntegro em nós. No silêncio restabelecemos nossas energias, nossas forças, para continuarmos a trilhar a nossa existência com sucesso.

Querido leitor, querida leitora, deixar-se conduzir pelo silêncio é deixar-se conduzir pelos caminhos do mistério insondável de Deus, que nos acolhe de braços sempre abertos!

REFERÊNCIAS BIBLIOGRÁFICAS

BARBIER, Germain. In: GUIMARÃES, Frei Almir Ribeiro. *Silêncio, esse indispensável silêncio.* Disponível em: http://franciscanos.org.br/?p=71732. Acesso em 05/11/2018.

BUELTA, Benjamin Conzález. *"Ver ou perecer": mística de olhos abertos.* São Paulo: Loyola, 2012.

CHITTISTER, Joan. *Para tudo há um tempo: sabedoria do Eclesiastes para compreender o sentido da vida.* Rio de Janeiro: Vozes, 2017.

GANDHI, Mahatma. *A única revolução possível é dentro de nós.* Porto Alegre: Editora Projeto Periferia, 2004.

GHIRALDELII JR, Paulo. *O que é pedagogia.* São Paulo: Brasiliense, 2007.

GUITTON, Jean. In: GUIMARÃES, Frei Almir Ribeiro. *Escutar para refundar.* Disponível em: http://franciscanos.org.br/?p=85903. Acesso em 05/11/2018.

HANH, Thich Nhat. *Silêncio: o poder da quietude num mundo barulhento*. Rio de Janeiro: Harper Collins Brasil, 2016.

HUECK, Catherine. In: GUIMARÃES, Frei Almir Ribeiro. *Coragem, vamos em frente...* Disponível em: <//franciscanos. org.br/?p=93003>. Acesso em: 05/11/2018.

LISPECTOR, Clarice. *Água viva*. Editora Círculo do livro, 1973.

LOUF, André. *Iniciação à vida espiritual*. São Paulo: Loyola, 2014.

MANNING, Brennan. *Convite à solitude*. São Paulo: Ed. Mundo Cristão, 2010.

MERTON, Thomas. *Amor e vida*. São Paulo: Martins Fontes, 2004.

_____. *Na liberdade da solidão*. Rio de Janeiro: Vozes, 2001.

POELMAN, Johannes. *Silêncio. Caminho para o mistério*. São Paulo: Paulus, 2013.

SCIADINI, Patrício. *O barulho adoece e o silêncio cura*. São Paulo: Loyola, 2006.

_____. *A sabedoria não tem idade: texto da filocalia*. São Paulo: Cidade Nova, 1989.

_____. *Silêncio*. São Paulo: Loyola, 2000,

TORRALBA, Francesc. *Valor de ter valores*. Rio de Janeiro: Vozes, 2015.

TUOTI, Frank X. *Por que não ser místico. Um convite irresistível para experimentar a presença de Deus*. São Paulo: Paulus, 1997.

Rua Dona Inácia Uchoa, 62
04110-020 – São Paulo – SP (Brasil)
Tel.: (11) 2125-3500
http://www.paulinas.com.br – editora@paulinas.com.br
Telemarketing e SAC: 0800-7010081